Liebe in uns selbst

Gabriele Kuppe

AF200445

Gabriele Kuppe

Liebe in uns selbst

Spiritueller Ratgeber

Impressum

Bibliografische Information der Deutschen
Nationalbibliothek:
Die Deutsche Nationalbibliothek verzeichnet diese
Publikation in der Deutschen Nationalbibliografie;
detaillierte bibliografische Daten sind im Internet über
http://dnb.dnb.de abrufbar.

© 2020 Gabriele Kuppe

Bilder/Illustrationen: © Gabriele Kuppe

Herstellung und Verlag: BoD – Books on Demand,
Norderstedt

ISBN: 978-3-7504-3646-6

Vorwort

Wir schreiben das Jahr 2020. Viel Freude sollte das neue Jahr bringen, denn die goldenen Zwanziger, wie sie bereits vor hundert Jahren einmal da waren, sollten sich wiederholen.

Doch im Augenblick sieht die Realität leider ganz anders aus. Die Welt befindet sich im Umbruch. Nichts ist mehr so, wie es einmal war. Ein unsichtbarer Feind macht sich breit. Menschen schweben zwischen Angst und Hoffnung.

Keiner kann uns sagen, wann dieses Leid, das die Welt derzeit erfährt, endlich aufhört. Auch ich kann mich keinesfalls von Ängsten freisprechen, das ist wahrscheinlich einfach nur menschlich.

In den vergangenen Tagen kamen mir immer wieder die Gedanken, dass ich vor einigen Jahren ein Buch mit dem Titel „Lebt, liebt, genießt" veröffentlicht habe. Da sich kaum jemand für diese liebevollen Zeilen darin interessierte, habe ich es vom Buchmarkt genommen.

Vielleicht war es auch nur der falsche Zeitpunkt, denn genau diese Zeilen beinhalten Vieles, was in diese schwierige Zeit passt und so habe ich mich entschlossen, den Inhalt in diesem Buch noch einmal aufleben zu lassen.

Nun, es handelt sich weder um einen Roman noch um Fantasy oder Ähnliches. Es sind Botschaften, die ich durch Erzengel und Engel erhielt, denn vor mehr als zehn Jahren wurde mir diese besondere Gabe geschenkt.

Oft wurde ich für dieses Geschenk des Himmels ausgelacht. Sicher verstehe ich, dass das für einige Menschen nicht ganz nachzuvollziehen ist, dennoch wurden mir die Zeilen für alle Menschen diktiert.

Selbstverständlich kann jeder Mensch für sich selbst entscheiden, ob er glaubt und vertraut.

Die Liebe, die wir in uns selbst tragen, sie soll uns helfen, andere Menschen und Tiere zu akzeptieren, zu ehren und lieben zu können.

Bleiben Sie gesund und kommen Sie gut durch schwierige Zeiten.

Herzlichst,

Gabriele Kuppe

Inhaltsverzeichnis

Themen:

Liebe
ist das allerhöchste
Gut
auf Erden

Mutlosigkeit

Geliebte Menschen auf der Erde, die ohne Mut und Hoffnung sind:

Es ist an der Zeit, Euch den Engeln und Gott Vater anzuvertrauen, denn es wird Euch geholfen, wenn ihr uns ruft, uns vertraut und in Liebe alles abgebt, was Euch auf Erden beschäftigt.

Seid immer in positiven Gedanken, dann wird Euch Nichts geschehen.

Wenn ihr den negativen Strömen nachgebt, so haben auch wir als Engel es oft schwer, zu Euch durchzudringen. So lasst Euch fallen, wie man es auf Erden sagt, und vertraut.

Alles wird gut. Ave.

Geht in Liebe zu Euch selbst, mit Gott Vertrauen und werdet froh.

Mut ist Eure Stärke, Stärke ist Eure Kraft und Kraft ist der Lebensfreude hold. Ave.

Geliebte Kinder, die ihr lebt auf Erden, Kinder Gottes und Gottes Wegbegleiter,

ihr alle seid das Licht und die Liebe, wenn ihr das Leben in Freude für Euch formt und genießt.

Existenziell bedeutet das: Ihr seid Licht, wenn ihr lebt und in Liebe geht. Ihr seid Liebe, wenn ihr wandelt auf der Tugend Pfad der Freude, die aus dem Herzen kommt. So ist es. Ave.

Gebt Euch Liebe, geht in die Freude, alles wird gut sein. Ave.

Liebe, Leben, ohne Pein und ohne Freudlosigkeit, so sei Euer Leben auf Erden. Amen.

Diese Botschaften sind korrekt und in vollem Bewusstsein des Mediums gefertigt.

Geliebte Seelenkinder, Kinder Gottes und des ganzen Universums,

ihr seid alle geplagt von dem Umstand der negativen Einflüsse. Doch seid gewiss, es wird kommen der Herr, der Liebe ist. Amen.

Regenbogen glitzernd werden Euch erreichen, immerfort ein Zeichen der Liebe. Ave.

Zeichen der Liebe, ihr erhaltet sie durch menschliche Zuneigung, deren Form verschieden ist. Es gibt bei Euch Menschen die Formen der Liebe mit einem innigen Kuss, einer liebevollen zärtlichen Umarmung, einem festen gefühlten Händedruck, der die Zärtlichkeit in Euch ausdrückt.

Es gibt die Formen der Liebe durch Zuflüstern sanft innig liebender Worte, durch die Berührung, die niemals zufällig ist, sondern von Gott gegeben. Die

Worte, die ihr liebevoll Euch entgegenbringt, sie zeigen Liebe auf Erden.

Sprecht miteinander in Ruhe, in Freude, in Liebe, so könnt ihr einander besser verstehen lernen.

Lernt es, zu lieben, wirklich zu lieben und Liebe nicht nur als Handlung eines in sich vereinigten Körpers zu sehen. Ihr seid Körper. Euer irdischer Körper, gegeben für dieses Leben, ist Euer umhüllter Raum.

Raum und Zeit, es ist alles da, in Hülle und Fülle, wie ihr es in Eurer Sprache sprecht. Eure Hülle, sie ist Euch gegeben. Fülle sei Euch gegeben, wenn ihr lernt, wahrhaftig zu lieben.

Tut es, geliebte Menschenkinder, tut es und es wird Euch gut gehen. Ave.

Worte des Erzengels *Metatron,* diktiert und empfangen durch unser Medium, die Euch in Liebe und Freude dient, um Euch das Wort der Erzengel, Engel und Gott selbst zu schenken. Ave.

Habt Dank.

Metatron.

Geliebte Menschen, die ihr lebt auf Erden, geliebte Seelen, die ihr Euch nahe seid.

Gehet weiter und gebet niemals auf, denn Gott Vater wacht und behütet alle Seelen, die sich nahe sind, doch getrennt wurden durch Leid, Trauer und Manipulation anderer. Durch Machthaber, die ihr nicht kennt.

Gehet weiter und lebt in Liebe weiter. Gott Vater hält schützend die Hände über alle Liebenden, die getrennt wurden, egal, welcher Herkunft, welcher Hautfarbe, welchem Stand sie es auch sein mögen. Allen wird er die Hände auflegen und Euch führen. Ave.

Gebet niemals auf, geliebte Seelen, gehet weiter, auch, wenn ihr oftmals Trauer in Euch spürt. Spürt Liebe in Euch, auch, wenn ihr glaubt, es sei alles verloren, hört nicht auf Eure Liebe zu spüren. Es wird alles gut sein. Ave.

Erzengel *Metatron*, der Euch Seelen führet in die Zeit der Liebe. Ave.

Geliebte Seelen, die ihr weilt auf Erden,

Euer Wohl liegt uns Engeln sehr nahe, denn ihr sollt in Frieden, Einklang und Gelassenheit leben können. So lasst Euch führen von unserer Liebe, die ihr annehmt, wenn ihr an Euch und uns glaubt. Glaubt es, es ist die Wahrheit, das Licht, die Liebe, die Erlösung. Amen.

Geliebte Töchter der Welt,
geliebte Söhne der Welt,
geliebtes Volk Jesu,

ihr seid als Kinder Gottes geboren, mit Liebe auf die Erde gesandt, durch viele negative Energien aufgelöst in Unmut, Kraftlosigkeit, Verzweiflung und der Habgier. Lasst Euch sagen, Habgier ist ein sehr schlechter Lehrmeister, das lasset in Zukunft sein, dann wird Euch auch Gutes geschehen.

Ihr Menschen glaubt oft, alles muss man auf Erden besitzen. Menschen, Tiere, Güter, aber so ist es nicht. Sie ist ein schlechter Wegbegleiter, die Sucht, alles haben zu wollen. Seid in Liebe, Eurem eigenen Sein und des Vertrauens in Euch und uns Engel auf Erden. Ave

Gabriel, der Erzengel, der Euch geleitet auf die rechten Pfade, die Euch zu Gottes Liebe führen. Ave.

Geliebte Kinder Gottes, die ihr alle seid,

lasset Euch nicht beeinflussen von der schönen Worte, die Menschen oftmals missbrauchen.

Fühlt es, seht es, handelt in Liebe. Wenn ihr fühlt, es kann etwas nicht korrekt sein, so glaubet Eurer inneren Einflüsse. Diese Einflüsse lasset wirken. Ave.

Kehrt heim als bewusst lebende Lebewesen auf Erden, denn es wird Euch Gutes bereitstehen, wenn ihr denn glaubt.

So glaubt an Euch, an das Gute, an das Positive, an die Liebe, die wir Engel Euch bereitstellen, denn sie ist da. Ave.

Geliebte Menschen, die ihr auf Erden seid,

lasst Eure Wut, die ihr oft in Euch tragt, nicht an anderen Menschen und Tieren aus. Schlagt sie nicht, die Menschen, die Euch Gutes geben, verachtet nicht die Menschen, die Euch das Lob der Liebe singen. Geht auf sie zu und achtet auch die Tiere, achtet alle Lebewesen, auch Pflanzen, die ihr auf Erden als Opfer oft seht. Opfer werden wir alle sein, so denkt ihr Menschen oft, doch das braucht nicht zu sein. Würdet ihr an das Gute und an die Liebe glauben, so würden Eure Leben besser vollzogen sein. Achtet einander und alles wird gut sein. Ave.

Erzengel *Gabriel*, der die Menschen führen will in ein Land des Reichtums. Reichtum an Liebe, Reichtum an Geduld, Reichtum an den Glauben an sich und die Zukunft. Ave.

Geliebte Seelenkinder, Erzengel Gabriel, der Euch liebt, ehrt und führt, er wird Euch bringen den Herrn, der Liebe ist. Ave.

Ave, hier diktiert unserem Medium Gabriele, die Euch die Wahrheit schreibt, Erzengel *Uriel*.

An Euch Menschen ist diese Botschaft gerichtet, die ihr in Liebe glaubt. Glaubt an das Gute, glaubt an Euch selbst, glaubt an die Freiheit der Seelen, glaubt an die Erlösung der Welt und alles wird gut sein. Ave.

Es wird der Tag kommen, da glaubt ein jeder an das Licht und die Liebe. Es werden noch viele Tests auf Erden durchgeführt werden, doch glaubet an die Liebe. Die Liebe ist das wichtigste Lebenselixier der Menschheit, nur durch sie allein wird Euch das Heil der Welt den ersehnten Erlöser schenken. Ave.

Liebe, sie ist ein wunderbares Werk, das ihr Menschen erlernen könnt. Lernen durch die neuen Energien, die Euch den Weg zeigen. Wege, die ihr gehen könnt, die ihr gehen sollt. Wege, die ein Mensch des Alltags mit sich zieht, sie sind oft schmerzlich verbunden mit Last, mit Unmut, mit Drang nach dem Höheren. Doch das Höhere, das könnt ihr selbst erreichen durch den Frieden in Euch, durch die Liebe zu anderen Lebewesen. Es wird Euch der Welten Lohn bereit stehen, so glaubt an Euch und die Liebe. Ave.

Uriel, der Euch Menschen führt, Euch die Wege aufzeigt, doch achtet auf die innere Stimme in Euch.

Achtet auf die Zeichen, die wir Engel Euch geben. Täglich erhaltet ihr Menschen von uns Engeln Zeichen. Beachtet sie, glaubt nicht, dass ihr es nur mit der Kraft der Einbildung schön redet. Ihr seht oftmals ein Zeichen, wollt es aber als solches nicht erkennen. Geht Euren Weg, auch, wenn es anderen nicht gefällt. Gefallt Euch selbst, glaubt an Euch, an Eure Liebe und an uns Engel, denn wir sind da. Immerfort und unerschütterlich, denn wir sind Licht, sind Liebe.

So seid auch ihr Licht und Liebe.

Gehet weiter im Leben, geliebte Menschenkinder, die ihr alle Gottes Kinder seid. Ave

Affirmationen für Menschen, die nicht mehr an sich glauben:

Ich bin behütet durch Gott Vater, seinen geliebten Sohn, Mutter Maria und werde geführt. Lasset mich zur Ruhe kommen und neue Kräfte mobilisieren. Alles wird gut.

Mir geht es gut, denn ich werde geführt von Gott Vater, seinen Helfern und Gott Vater wird mich behüten.

Mir wird nur Gutes geschehen. Ich bin voller Zuversicht.

Meine Wege sind oft gepflastert von Sorgen und Nöten, doch ich bin mir sicher, da ist ein göttliches Wesen, das mich leitet und begleitet. Mir wird nur Gutes geschehen. Alles hat seinen Sinn.

Ich habe Kraft, ich habe Mut, ich habe Glück, ich habe alles, was ich mir wünsche und noch mehr.

Gut bin ich zu mir selbst, gut bin ich zu anderen, es wird nur Gutes geschehen.

Affirmationen für Menschen, die mutlos sind:

Leben werde ich in Freude, leben werde ich mit der Liebe, die mir die Engel und die Helfer Gottes geben.

Ich spüre Mut in mir, ich spüre Kraft in mir, die Energie des Lichtes begleitet mich. Ich bin es wert, das Leben in Freude zu genießen. Alles ist gut.

Mein Weg ist Leben, mein Weg ist Liebe, mein Weg ist das Licht. Ich bin ein Geschenk des Himmels und werde begleitet von meinen Engeln, die mich führen, mir helfen, mich spüren lassen, das ich lebe. Alles ist gut.

Gebet für Menschen, die ohne Hoffnung sind:

Lieber Gott und alle Engel, die mich führen,

gebt mir Mut, gebt mir Kraft, gebt mir die Erleuchtung in mir, so dass ich weiter gehen kann im Leben. Amen. Schenkt mir inneren Frieden, schenkt mir die Kraft, alles und jedem zu widersagen, das nicht reine Liebe ist. Danke.

Gebet für Menschen ohne Mut:

Lieber Gott, liebe Engel, die mich begleiten,

schenkt mir Hoffnung, schenkt mir Kraft, schenkt mir Mut. Ich bin oft traurig, lasst mich mit neuer Energie die Tage des Lebens neu gestalten und für mich auf Erden leichter machen. Ich wünsche mir, dass ihr mich begleitet, mich führt, mir sagt, was das Beste für meine Seele ist.

Lasset mich erkennen, wohin mein Weg mich führt. Danke, dass ihr da seid. Danke, dass ihr mich leitet. Danke, dass ihr mir neue Kraft gebt.

Hilflosigkeit

Geliebte Kinder, die ihr Euch hilflos und verlassen fühlt,

lasset Euch sagen, denkt immer positiv, denkt an das Gute, lasset Altes Vergangenheit sein. Schaut in Liebe auf Euer Erdenleben und genießt die Freude, die Natur, das Leben. Ave.

Glaubt an Euch, glaubt an das Gute, dann wird alles gut. Amen.

Gesegnet seid ihr Erdenwesen, gesegnet sei Euer Hab` und Gut, das ihr in Liebe und Freud` Euch selbst beschenket. Ave.

Ihr seid Leben, wenn ihr liebt,
ihr seid Freude, wenn ihr lebt,
ihr seid Licht, wenn ihr liebt.

Ihr seid ein Geschenk für Euch selbst, wenn ihr Euch gebt hin, wie es das Universum für Euch bereithält.

Ein Leben in Fülle, Harmonie, Glück.

Leben, das Euch Freude schenken wird, ist Euch allen Erdenwesen gegeben, doch lebet ihr es nicht immer so, wie es von Gott selbst gewährt ist, denn ihr Lebewesen tragt oft sehr viel negative Energien mit Euch, aufgebürdet von anderen, aber auch von Euch selbst. So nehmt in Liebe die Freude des Lebens an.

Fangt an, Euch selbst zu achten, dann werdet ihr lernen, für Euch und andere Lebewesen das Leben in Liebe und Freud` zu genießen. Ave.

Uriel, der Euch immer führt, ihr Menschenkinder.

Ave.

Geliebte Töchter,
geliebte Söhne,
geliebte Tiere dieser Welt,

vereinigt Euch in Liebe, geht behutsam miteinander um. Achtet Euch. Ihr Menschen, achtet auch die Tiere, die Euren Weg begleiten. So soll es sein. Ave.

Metatron, der Erzengel, der Euch führt durch die Neue Zeit der Lebensfreude und der Liebe. Amen.

Geliebte Seelen, die ihr keine Hoffnung mehr habt,

glaubt uns, es wird der Tag kommen, da werden auch Eure Zweifel gehen. So wird es sein. Amen.

Geliebt seid ihr alle von Gott Vater, seinem geliebten Sohn und den Engeln, die Gottes Helfer sind. Amen.

Gelobt sei das Wort der Engel, die Liebe sind, denn sie kamen durch das Medium Gabriele, um Euch zu sagen, dass der Herr wird kommen, um Euch zu lieben, zu behüten und um Euch zu erlösen, die ihr in Liebe glaubt. Amen.

So wird es sein. Ave.

Geliebt seid ihr und ihr werdet es erleben, die, die in Freude dem Herrn dienen, die werden sehen, was Gott einst schuf, die reine Liebe. Amen.

Erzengel *Gabriel*, der Euch führt durch die Zeit der Liebe, die Euch leben lässt. Amen.

Geliebte Seelen,

es wird Euch Gutes geschehen, so gebet niemals auf. Ihr werdet Gottes Sohn erleben, wenn ihr in Glauben und Liebe seid. Amen.

Empfangen in einem Gotteshaus, in Ruhe, in Liebe und vollem Bewusstsein. Amen.

Gabriel, der Erzengel, der Euch Menschen das Seelenheil schenkt. Ave.

Geliebte Seelen, die ihr seid von Unmut anderer gepeinigt,

habt Freude am Leben, auch, wenn man Euch einst verhöhnte oder gar lieblos behandelte. Ihr werdet gerettet sein. In den Stunden der Pein, ihr werdet geliebt sein von Gott Vater, seinem Sohn und den Engeln, die Euch begleiten.

Jeder von Euch hat Engel, die ihn lieben, auch, wenn ihr oftmals glaubt, ihr seid verloren, ihr seid verlassen, glaubet weiter und es wird Euch nur Gutes geschehen. Amen.

So diktiert durch den Erzengel, der Euch Liebe, Kraft, Mut, Stärke schenkt: *Haniel.*

Erzengel *Haniel,* der Euch die Liebe schenkt, er ist da und gibt Euch die übersinnlichen Fähigkeiten, die jeder in sich trägt, zurück. Lebt sie, auch, wenn Euch Menschen verhöhnen, die keinerlei Macht der Liebe sehen, hören, fühlen. Auch wenn sie Euch verleumden, lasset Euch nicht abbringen von der Liebe zu uns Engeln und zu Gott. Amen.

Erzengel *Haniel*, der Euch Liebe lehrt, die ihr vergebens gesucht und niemals finden solltet. Ave.

Affirmationen:

Ich bin ein guter Mensch, ich bin erfolgreich, ich bin ein geliebter Mensch, ich spüre Kraft und Stärke in mir. Alles wird gut.

Es werden Wunder geschehen. Ich glaube daran.

Ich bin guter Dinge, bleibe voller Freude auf die spannenden Lebensphasen, die noch vor mir liegen.

Es wird alles so kommen, wie es gut für mich und mein Erdendasein ist.

Ich denke positiv, bin voller Freude in mir und spüre Leben in mir.

Das Leben hält noch viel Gutes für mich bereit.

Gott Vater, sein geliebter Sohn, Mutter Maria, alle Erzengel und Engel, die mit mir sind, sie helfen mir. Da bin ich ganz sicher und bleibe im Vertrauen. Alles wird gut.

Gebet für Menschen, die einsam und verlassen sind:

Lieber Gott, liebe Engel, die mich behüten,

gebt mir Menschen und Tiere an meine Seite, die mich lieben, ehren, mir gut sind.

Gebt mir Kraft, ein Leben in vollem Bewusstsein zu führen. Lasst meine trüben Gedanken gehen. Lasst mich spüren, dass es Licht und Liebe gibt in Fülle. Danke. Amen.

Gebet für Menschen, die sich hilflos fühlen:

Lieber Gott Vater,

liebe Engel, die mich begleiten,

oft denke ich, dass ich so nicht mehr weitermachen kann, aber ich weiß auch, dass ihr für mich da seid. Ihr behütet mich und mein Sein. Das Leben gibt mir neue Kraft, denn ich bin ein Kind der Schöpferkraft und habe den Mut, alles zu meistern, was gut für mich ist. Bleibt an meiner Seite und helft mir. Helft mir, geliebte Engel, das zu erreichen und zu tun, was gut für mich ist. Alles ist gut. Danke.

Zweifel

Seid in der Ruhe, geliebte Kinder Gottes, denn ihr seid stark, wenn Euch innerer Friede beheimatet. Zweifel ist einer Eurer stärksten Schwächen, so lasset nichts an Euch heran, was Euch zweifeln lässt. Seid in Ruhe, seid in Eurer Mitte, denn lasset Euch die Impulse zufließen. Betet, glaubt es und alles wird gut. Ave

Geliebte Menschenkinder,

alle seid ihr geliebt, auch, wenn ihr daran zweifelt. Lasst die Zweifel nicht an Euren geschundenen Seelen nagen.

Geschunden durch all` die Leben zuvor, die ihr versucht habt in Liebe zu leben. Es wird die Zeit nahen, da werdet ihr nur Liebe spüren. So soll es sein, so wird es sein. Amen

Liebe ist Euer aller Lebensplan und so soll es sein. Ave.

Lebt mit Geduld, zweifelt nicht und hört auf Eure innere Stimme. Euer Inneres, es wird Euch den Weg zeigen, wenn ihr Ruhe in Euch kehren lasst. Kraft sei Euch gegeben, doch ruhet in Euch. Ave.

Ihr lebt oft ruhelos, geliebte Seelen, doch ihr braucht Mut und Kraft, die oft Euch fehlt, weil ihr zweifelt. Zweifelt nicht, gehet weiter und alles wird gut. Ave.

Alles wird gut sein, auch, wenn ihr das heute noch nicht glauben wollt. Euer Wille, er sollte es sein, der Euch in Liebe, Ruhe, Freude und Umkehr zur positiven Energie trägt. Tragt es mit Euch in Euren Herzen, was wir Engel Euch mitteilen, denn es ist die Wahrheit. Wahrheit, die ihr glauben könnt, weil es so kommen wird. Ave.

Erzengel *Metatron* in Liebe zu Euch Menschen. Ave.

Alles wird gut sein. So ist es. Ave.

Geliebte Menschenkinder, die ihr geplagt seid von Zweifeln, geliebte Seelen, die ihr lange gefangen ward in dem Zwang, das tun zu müssen, was andere Euch befahlen, gehet weiter, es wird alles gut. Ave.

Gehet weiter und werdet froh, so lautet die *Botschaft der Erzengel Uriel und Metatron*, die Euch führen. Ave.

Gehet weiter und genießt in Liebe das Leben, denn so soll es sein. Ave.

Geliebte Menschenkinder, die ihr zweifelt, gebt niemals auf und sorgt für inneren Frieden in Euch. Geht mit Ruhe, Zuversicht, Mut, Kraft und Gelassenheit an Eure Ziele, die Ziele, die auch Gottes Wille sind, diese Ziele werden Euch erfüllt sein. So ist es. Amen.

Ave, geliebte Kinder Gottes, wir Erzengel und Engel sagen Euch: Es wird der Herr der Liebe kommen und Euch führen in ein Reich, das Lebensfreude schenkt. So ist es. Ave.

So diktiert in Liebe, in bewusstem Leben, unserem Medium, das Euch dient. Ave.

Ave, wir sagen Euch, es wird der Tag erst vollendet sein, an dem ihr über Eure Seelen selbst bestimmt und in Liebe weiter geht. Ave.

Erzengel *Metatron,* der Euch erlöst von dem Umstand der Zwänge, die Euch auferlegt wurden, um Euch in Ungnade fallen zu lassen. Ungnade vor Euch selbst und vor allem Guten. Ave.

Geliebte Seelen, die ihr seid geplagt von Zweifeln,

hört auf Eure innere Stimme. Seht nach der ersten Eingebung in Euch, ob gut, ob schlecht, wägt nicht hin und her, was Euch geschehen könnte, was andere dazu sagen könnten, geht Eurer Intuition nach und werdet froh. Ave.

Folgt Eurer inneren Stimme, der erste Impuls ist meist der Richtige, fragt nicht, was ist, was könnte sein, redet es Euch nicht schlecht, redet es Euch nicht schön, sondern folgt der Intuition in Euch.

Der erste Impuls, gefühlt mit der Liebe Gottes, er ist der korrekte Weg, den ihr beschreiten solltet. Sollt es mit Liebe tun, sollt auf Euch hören, nicht den anderen folgen, die Euch manipulieren.

Fühlt es, geht nicht die Wege der anderen, nur, weil es für alle das Beste wäre, folgt Eurem Herzen und alles wird gut sein.

Denkt positiv, folgt positiven Gedanken und alles wird gut sein. Ave.

Geliebte Seelen,

folgt dem Zeichen der Liebe, es ist ein Gefühl, das ihr in Euch tragt. Gefühlt, gelebt, es wird das Richtige sein. Ave.

Erzengel *Metatron*, der Euch hilft, Euch auf Euch, Euer Wohl, Euer Heil, Eure Intuition zu besinnen und ihr zu folgen. Ave.

Geliebte Kinder Gottes, die ihr alle seid,

habt Geduld, auch, wenn ihr glaubt, es sei alles zu langsam, was ihr Euch wünscht, erhofft, erträumt. Es kommt, wenn es Gottes Wille ist, alles, was ihr in Euch in Liebe tragt. Ave.

Gottes Wege sind die Wege, die in Liebe und Ehrfurcht getan werden. Liebe zu Euch und anderen Lebewesen, Ehrfurcht vor Eurem eigenen höheren Selbst und anderen, die Euch gut gesonnen sind.

Findet es heraus, wer es ist, der Euch gut gesonnen ist. Findet heraus, wer Euch falsches Zeugnis gibt.

Ihr könnt es, kehrt in die Ruhe und Gelassenheit, dann spürt ihr es.

Wer ist falsch? Das ist wichtig für Euch, denn nicht alle Menschen, denen ihr begegnet seid, begegnen werdet, sind gute Menschen, auch, wenn es äußerlich so scheint. Wägt ab, seid neugierig, aber nicht neugierig auf die wunderbare Welt, die sie umgibt, wenn es denn in Wahrheit eine wunderbare Welt ist. Oft trügt sie, diese scheinbar heile Welt des anderen. Lasst Euch führen, vertraut Euch im Inneren. Hört es, spürt es. Es ist da, das, was ihr Menschen an Intuition spürt. Es ist da, lasst Ruhe in Euch kehren, dann behält das Böse keine Übermacht mehr. Ave.

Erzengel *Haniel,* der Euch Menschen begleitet, die voller Zweifel sind, falschen Menschen vertrauen und auf den rechten Weg gebracht werden. Ave.

Geliebte Kinder Gottes, die ihr Liebe spürt,

glaubt weiter an das Erscheinen des Herrn, denn er wird kommen, Euch huldigen, Euch, die ihm treu ergeben sind und die reine Liebe sehen, spüren und leben. So ist es. Amen.

Erzengel *Haniel*, der in Liebe zu Euch Menschen dem Medium Gabriele, die Euch dient, diktierte. Ave.

Geliebte Töchter,
geliebte Söhne,
geliebtes Volk Jesu,

bringt Euch einander Geschenke.

Keine kostenbaren Geschenke, die ihr mit Geld bezahlt auf Erden. Gebt Euch Zuneigung, lächelt einander in Liebe an, lasst andere spüren, dass sie gebraucht, geachtet und geliebt sind. Ein Vielfaches an Liebe wird zu Euch zurückkehren, wenn ihr denn in Liebe handelt. Ave.

Liebe, sie ist Euer aller wichtigstes Gut. Ehrt sie, die Liebe, lebt sie, die Liebe und alles wird gut sein. Amen.

Gelobt seien die Worte, die Euch erreichen sollen, gelobt sei das Werk, das reine Liebe ist. Amen.

Erzengel *Haniel*, der Euch liebt und führt durch die Neue Zeit, die reine Liebe spüren lässt. Amen.

Botschaft des Erzengels *Haniel*, gerichtet an alle Menschen, die Gott ehren:

Ave, ich sage Euch, Euch wird gute Energie zufließen, wenn ihr in Liebe seid. In Liebe zu Gott Vater, seinem geliebten Sohn, seinen Helfern, die Gottes Engel und Menschen sind. Engel sind auch Tiere, die ihr wenig ehrt auf Erden. Es gibt Viele von Euch Menschen, die essen Tiere, schlagen Tiere, achten sie wenig. Gebt auch ihnen Liebe, denn so ist es gewollt. Ernährt Euch von der Frucht der Erde, des Baumes, das, was Gott schuf: Der Natur. Ave.

Gelebt habt ihr Menschen oft in Sünde, doch so soll es kommen. Ihr ward lange gepeinigt durch böse Mächte, deren Ausmaße ihr bald erkennen könnt. Ave. Haniel. Ave.

Geliebte Seelen, die ihr habt oft Zweifel. Zweifel an Euch, an Menschen, an allem, was ihr nicht verstehen könnt oder gar verstehen wollt:

Amen, wir sagen Euch, lasset sie gehen, diese quälende Eigenschaft der Zweifel, denn ihr werdet glücklicher sein, wenn ihr sie los lasset. Ave.

Denkt immer, dass alles gut ist, dann zieht ihr Gutes in Eure Leben. Ave.

Wir wissen, dass es oftmals nicht einfach erscheint, doch es ist einfacher, als ihr Menschenseelen es mit Eurem Verstand spüren könnt.

Spürt es in Euren Seelen, denn es ist so. Lasset Zweifel los und es wird Euch Besseres bevorstehen. Ave.

Diktiert von Erzengel *Haniel*, der Euch Menschen führt. Ave.

Botschaft des Erzengels *Haniel* für Euch Menschen, die Euch der Unmut der anderen entgegensteht:

Gebet niemals auf, denn ihr werdet siegreich aus Liebe hervorgehen. Amen.

Liebe, sie ist des Menschen Lebensfreude, die Kraft, aus der ihr schöpfen könnt. Amen.

So gebet niemals auf. Eure Widersacher werden nicht das Himmelreich sehen, wenn sie Euch denunzieren, einfältig durchs Leben ziehen und Euch, statt zu huldigen, niederträchtig begegnen. Lebet weiter in der Liebe. Betet, bittet uns Engel um Hilfe und sie sei Euch gewährt. Amen

Erzengel *Haniel*, der in Liebe verzeihen kann. Amen.

Diktiert in einer ruhigen Stunde des Tages, die voller Leben und Sonnenstrahl erscheint. Ave.

Affirmationen für verzweifelte Menschen:

Mut habe ich, Stärke habe ich, Kraft habe ich, denn sie wird mir mit Hilfe der Engel geschenkt. Alles ist gut.

Mein Leben ist voller Kraft, Stärke, ich bin gläubig, ich bin mutig, ich bin Gottes Licht und die Engel begleiten mich.

Ich bin ein sehr großes Stück weitergekommen in meinem Leben, denke positiv, gehe weiter und gebe niemals auf. Alles wird gut.

Ich bin guten Glaubens, ich bin der gute Wille, der mich leitet. Ich bin die Kraft, die mir Gutes schenkt. Alles wird gut. Danke.

Gebete für Menschen, die noch oft zweifeln:

Lieber Gott, liebe Mutter Maria, lieber Jesus Christus,

gerne möchte ich glauben, dass es Euch gibt. Helft mir, den rechten Weg zu finden und lasst mich spüren, dass ihr bei mir seid. Amen

Lieber Gott und alle Engel, die mich führen,

tretet an meine Seite und führt mich im Glauben, in der Hoffnung, in der Harmonie mit mir und der Welt, führt mich auf den rechten Weg, seid an meiner Seite, lasst mich spüren, was die wahre Liebe ist. Lasst meine Zweifel gehen. Lasst mich erleben, dass die Ängste in mir gehen, so dass ich weiter leben, lieben und genießen kann.

Gebt mir Kraft, gebt mir Mut, gebt mir Stärke und führt mich. Amen.

Lieber Gott Vater,

lieber Jesus Christus,

liebe Engel, die mich leiten,

lasst mich die Kraft Eures Seins spüren und gebt mir die positiven Energien an meine Seite, die ich benötige, um meine Zweifel gehen zu lassen. Helft mir bei positiver Lebenseinstellung, gebt mir Kraft den Alltag und alles, was mich beschäftigt, zu meistern. Alles wird gut. Danke. Amen.

Unglaube

Botschaften von Erzengel *Raphael:*

Geliebte Seelen,

der Unglaube, er ist auch des Menschen Feind. Oft glaubt ihr falschen Zeugnissen und lebt in Furcht vor der Wahrheit. Die Wahrheit ist oft schon der erste Impuls, den ihr fürchtet, jedoch nicht zulassen wollt, da er oft Zweifel in Euch hervorruft. Zweifelt nicht an Euch selbst. Glaubt, denn alles wird gut. Amen.

Geliebte Seelen, die ihr Euch fragt, warum auf dieser Welt so viel geschieht, was nicht wundervoll und gut ist:

Es geschieht, weil durch die schlechten Energien, Einflüsse anderer, die Euch bezwingen wollten, herrschten und Euch den Mut nahmen, fortzufahren in Liebe. Doch glaubt an das Gute, es ist da. Wir Engel sind da, wir behüten Euch und Eure Welt wird sich drehen, denn, so glaubet an die Liebe und alles wird gut sein. Ave.

Gehet im Leben weiter, das Leben, das voller Wunder und Fügungen ist. Gehet weiter, seht die Zeichen, seht dies wundervolle Werk, das Liebe darstellt in jedem Baum, in jeder Pflanze, in jedem Lebewesen, in jedem Euch geschenkten Meer an Fülle, das ihr überseht. Denn sie ist da, die Liebe, das Leben.

Es wird Euch Gutes bereithalten, wenn ihr denn glaubt. Glaubt an Euch, an die Liebe, an die Werte des Guten. Die Werke, die Euch einst von Gott gegeben wurden, sie sind da. In Fülle.

Fülle, sie ist Euch gegeben, in guten Werken, in gutem Verstehen des Miteinanders, in einer guten Welt voller Liebe und Freude.

Glaubt es und Euch wird nur Gutes geschehen, denn die Macht der positiven Energien, sie wird siegen. Ave.

Erzengel *Metatron*, der Euch liebt, ihr Seelen, die einst verschlungen waren im weltlichen Bösen. Euch wird geholfen, so glaubet. Ave.

Geliebte Menschen, die ihr lebt auf Erden,

es ist alles wahr. Es gibt uns Engel, wir sind da. Immerfort und in vollem Bewusstsein der Liebe. Wir sind das Licht und die Liebe, umhüllen Euch, wenn ihr es wünscht, mit weißen und goldenen Strahlen, die Euch alle das Heil der Welt erleben lassen werden.

Erleben, das Wort, das ihr oft für andere Dinge braucht. Es heißt: Liebe. Liebe erleben, so reich an Fülle, an Geborgenheit, an Licht, es soll Euch alle berühren und Euch das Leben in Freude schenken. Ave.

So wird kommen, was kommen soll.

Ein Leben in Liebe, ein Leben in Freude und dem Umstand der besseren Qualität Eurer Leben. Qualität Eurer Leben ist oft von dem weltlichen Sinnbild eines anderen geprägt worden. Lasset Euch nicht von falschen Menschen führen. Glaubt an Euch selbst und es wird Euch nur Gutes geschehen. Ave.

Lasset Euch sagen, es wird der Herr der Liebe kommen und Euch Freude schenken. So ist es. Amen.

So wird kommen, was kommen soll.

Liebe auf der Erde und im ganzen Universum.

So diktiert von Erzengel *Metatron* und gefühlt durch das Medium, das die Wahrheit spricht. Ave.

Geliebte Seelen, die ihr von Unmut geplagt seid,

steht auf und tut Gutes.

Denkt an positive Einflüsse, lasset negative Ströme fortan an Euch abprallen. Abprallen bedeutet: Lasst Euch führen von der Liebe Gottes, seines Sohnes und seiner Wegbegleiter, die Euch führen in ein Reich der Sonne, des Lichtes und der Liebe.

Unendlich große Weiten an Wellen der Lebensströme, die positiv sind, sie werden Euch begleiten, wenn ihr lasset gehen die negativen Energien, die Euch beeinflussen seit Jahrtausenden.

Gebt niemals auf, auch, wenn ihr glaubt, dass alles schon verloren scheint. Es ist immer das letzte Wort gesprochen, wenn ihr nicht mehr an Euch glaubt.

Glaubt an einen Neubeginn, auch, wenn ihr fernab dessen seid, was ihr Euch wünscht.

Wünscht es Euch, was ihr begehrt und habt Geduld und Freude in Euch. Eure Wünsche, sind sie Gottes Wille und mit Liebe gewünscht, so sollen alle begehrenswerten Wünsche, die ihr in Euch tragt, erfüllt und verherrlicht sein. Ave.

Erzengel *Metatron,* der Euch Menschen führt, Euch leitet, Euch die Kraft und den Mut des Neuanfangs gibt.

Alles wird gut sein, denn ihr seid geboren, um zu lieben und Euch und anderen Ehre zu geben. Ave.

Erzengel *Metatron* bittet alle auf Erden mit den Verleumdungen und Entehrungen anderer aufzuhören.

Das ist nicht Gottes Wille. Gottes Wille ist die Liebe. Amen.

Ihr Menschen seid auf dieser Welt, um zu lieben, zu ehren, zu achten, Euch selbst und Eure Mitmenschen.

Achtet jedes Lebewesen, sei es auch noch so klein. Ave.

Achtet Eure Tiere, Eure Pflanzen, Euch selbst, denn liebet ihr Euch selbst, so werdet ihr auch lernen, andere Lebewesen zu lieben und Huldigung zu schenken. Amen.

Metatron, der Euch Menschen liebt und Euch zu Eurem Höheren Selbst zurückführen kann und möchte, denn ihr seid Licht, ihr seid Liebe, wenn es aus dem Herzen kommt. Ave.

Gehet hin in Frieden. Amen

Diktiert wurden diese Zeilen unserem Medium Gabriele, das Euch in Liebe dient. Ave.

Geliebte Seelen, die ihr tragt den Hass in Euch,

lasst los, denkt nicht nur an Euch. Denkt an alles, denn auch ihr könnt die Liebe erfahren. Hass bedeutet nichts anderes, als Unmut zu säen. Unmut, den ihr in Euch tragt, lasst es gehen, denn auch ihr habt einst die Liebe Gottes gespürt, denn ihr seid alle mit der Liebe Gottes auf die Erde gekommen.

So solltet ihr Liebe leben, habt es verlernt, habt es Euch selbst angeeignet, da ihr glaubt, nicht geliebt zu sein. So gebt ihr keine Liebe weiter, sondert sät Hass.

Warum nur geht ihr diese Wege? Warum spürt ihr keine Liebe mehr in Euch und um Euch herum?

Wenn ihr in Euch selbst hineingeht, in Liebe, die auch ihr in Euch tragt, dann müsstet ihr sie sehen, fühlen, sie erkennen, Euch selbst erkennen, denn auch ihr wollt nichts weiter als die reine Liebe spüren. Ave.

Gehet weiter, geht in Liebe, ihr könnt es, auch, wenn ihr oft Unmut gesät habt, ihr könnt es, das Leben und Euch selbst lieben, das Leben anderer mit Liebe zu gestalten, statt Hass und Elend zu verbreiten.

Ihr könnt es. Horcht in Euch, spürt die Liebe und alles wird gut sein. Amen.

Erzengel *Raphael*, der Euch Heil schenkt durch die göttliche Liebe. Amen.

So glaubet an das Gute, geliebte Töchter und Söhne dieser Erde, glaubet und werdet froh. Alles wird gut sein. Ave.

Schenkt Euren Lieben ein Lächeln der Freude, der Liebe und ihr werdet Glück erfahren. Ein Glück, das mit keinem Reichtum dieser Welt zu vergleichen ist.

Lebt die Liebe in Freude. Ave.

Erzengel Raphael, der Euch liebt und führt. Ave.

Affirmationen für Menschen, die ungläubig sind:

Lasst mich glauben, lasst mich spüren, dass es Euch Engel gibt. Führt mich.

Mir geschieht viel Gutes im Leben, denn ich glaube an die Macht des Guten.

Macht der Freude, Macht der Liebe, Macht des Glücks, kommt zu mir und leitet mich. Alles ist gut.

Mir ist das Leben in Freude gegeben, so lasset mich leben, was ich leben soll.

Ich glaube an das Gute,

ich glaube an das Glück,

ich glaube an die Freude,

denn ich werde geführt und begleitet in Liebe.

Alles wird gut.

Danke.

Gebete für Menschen, die ohne Glauben noch sind:

Gebt mir die Kraft, Euch Engelwesen zu vertrauen, mich zu führen, so dass ich den Weg zu Euch finden kann. Danke. Amen.

Lieber Gott,

es fällt mir oft nicht leicht, an Dich zu glauben. Doch muss es ein Wesen geben, das allmächtig ist. So lass` mich aufhören, an Dir und Deiner Energie zu zweifeln. Lass´ mich glauben. Danke. Amen.

Glaubet uns, es beten mehr Menschen zu uns Engeln als sie in der Welt zugeben.

Gebet für Menschen, die Unmut gesät haben:

Lieber Gott,

liebe Engel, die mich begleiten,

lasst mich besser verstehen lernen, was Liebe, die wahre Liebe, bedeutet. Gebt mir Zeichen. Zeichen, die auch ich verstehen lerne. Zeichen, die mich führen und die mich mit mir selbst in Einklang bringen, denn ich habe getan, was der Wille Gottes nicht ist, ich habe Unmut gesät, habe anderen Schaden zugefügt. Es tut mir leid, verzeiht mir, vergebt mir, denn ich möchte ein guter Christ sein. Danke. Amen.

Bedankt Euch für die Erfüllung Eurer inneren Wünsche, denn die Engel werden Euch führen, wenn ihr sie darum bittet.

Diktiert durch Erzengel *Uriel*, der für Gerechtigkeit auf der Welt sorgt und Euch Menschen in Liebe führt. Ave.

Gebet für Menschen, die Schuld auf sich geladen haben:

Lieber Gott,

liebe Engel, die mir zur Seite stehen,

lasst mich lieben lernen, lasst mich spüren, was wahre Liebe ist. Es tut mir leid, dass ich Schuld auf mich geladen habe, dass ich gesündigt habe. Ich tat es, weil ich glaubte, das Richtige zu tun, doch ich weiß nun, dass es keineswegs richtig war und habe andere in Verzweiflung gebracht. Ich bereue und bitte, dass ihr mich leitet, alles wieder in Ordnung zu bringen und in der Zukunft Gutes zu tun. Danke. Amen.

Glaubet uns, es gibt Viele von Euch, die es nicht verdient haben, doch es gibt vor Gottes Augen keine Unterschiede. So wird dem verziehen sein, der in Liebe bereuet. Amen.

Erzengel *Raphael*, der Euch allen Heilung schenkt, wenn ihr bereit seid, in Liebe, im Leben, weiterzugehen. Ave.

Gebet für Menschen, die Euch Lichtarbeiter verhöhnen:

Lasst mich glauben und vertrauen. Amen.

Es werden Viele von Euch noch verhöhnt für die hervorragende Arbeit, die ihr Lichtarbeiter im Namen Gottes, der Welt und Euch allen, tut. Glaubet uns, eines Tages werden sie Euch huldigen und nicht mehr verhöhnen, denn sie werden sehend sein. Amen.

Erzengel *Uriel,* der Euch Menschen liebt und Euch das Heil der Welt bringt. Er ist Euer Lebensbegleiter in Liebe. Amen.

Ängste

Gott Vater sieht in jedem von Euch ein Potenzial für Liebe, Licht und die Fähigkeit des Vergebens.

Botschaft von Erzengel *Haniel*:

Geliebte Seelen, die ihr oft durch Ängste geplagt seid,

richtet Euch selbst auf durch positive Gedanken. Lasset nicht zu, dass man Euch und Eure geschundenen Seelen wieder verletzt. Das tut, in dem ihr glaubt an Euch, an Euer Sein, an Euch selbst in Liebe. Ave.

Geliebte Kinder Gottes, die ihr seid,

gehet im Leben weiter, auch, wenn es oftmals Traurigkeit mit sich bringt.

Das Leben genießen, das Leben erobern, das Leben vollbringen mit der Liebe in Euch, so soll es sein. Gottes Wege sind oftmals schmerzlich für Euch, doch glaubet an Euch, an Gott, an uns Engel und alles wird gut sein.

Doch vergebt nur, wenn ihr dazu bereit seid. Alles Lebenswerte, es wird Euch gegeben, wenn ihr positiv und gutherzig seid.

Denkt positiv, auch, wenn es Euch oftmals schwer fällt.

Seid gewiss, positive Gedanken sind positive Energien, positive Energien sind positive Pole, positive Pole sind das Licht der Welt und der Lebensfreude. Lebensfreude sollt ihr Menschen haben, denn es ist Gottes Wille, dass ihr Menschen und alle Lebewesen auf der Erde und im ganzen Universum reich an Licht und Liebe seid. Ave.

Gottes Liebe ist Euch hold, so seid gewiss, gehet weiter, auch, wenn es oft schwer für Euch Menschenkinder erscheint.

Gehet weiter, gebet niemals auf und fahrt fort. Erlebt ein Leben in Licht und Liebe. Ave.

Glaubt an Euch,
glaubt an Gott,
glaubt an uns Engel,

und alles wird gut sein. Ave

Uriel, der Führer der Menschheit in ein Zeitalter voller Lebensfreude und Liebe. Ave.

Geliebte Seelen, die ihr lange Pein erduldet habt,

ihr seid nun befreit, da Euch das Licht erscheinen darf. Ein Licht der Liebe, der Lebensfreude, der Harmonie, des Glückes, alles sei Euch hold, wenn ihr es in vollem Bewusstsein der Liebe erfahrt. Alles wird gut sein.

Tragt Liebe in Euch, zeigt Liebe im Miteinander, lebt die Liebe.

So soll es sein, was Gott einst schuf, ein Leben in vollem Bewusstsein der Liebe. Ave

Lebt, liebt, genießt.

Alles wird gut. Ave.

Uriel, der Euch Menschen liebt, ehrt und vor allem Bösen behütet. Ave.

Geliebte Seelen, die ihr Euch quält mit Ängsten, Schwächen, innerer Unruhe,

gebet niemals auf und seht das Wunderbare der Natur, in Eurem Dasein. In allem, was ihr positiv Euch vorstellt wird Gutes und Schönes geschehen. Lasst Eure Sorgen vergehen, glaubet an die Liebe, glaubt an das Leben, glaubt an Euch und seht Euch in Liebe, Kraft, Geborgenheit, seht Euch in positiver Struktur des Daseins und alles wird gut. Ave.

Gebt machtvollen negativen Strömen keinerlei Raum sich auszubreiten. Ave.

Erzengel *Uriel,* der Euch begleitet in guten Tagen, aber auch durch dunkle Zeiten, die ihr Menschen durchlebt. Ave.

Freut Euch, geliebte Seelen, die gepeinigt waren, es wird der Herr der Liebe Euch das Heil der Welt schenken. Amen.

Es wird Euch gegeben sein, das Glück, die Harmonie, die Freude, die Lebensqualität, die Liebe. Amen.

Ja, die Liebe, sie ist des Menschen allerwichtigstes Gut und wird zurückkehren, wenn ihr Menschen Euch einander mehr Liebenswertes gebt.

Liebenswert seid ihr von Geburt an, so ist es Gottes Wille gewesen.

Plagt Euch mit Euren negativen Einflüssen nicht mehr allzu lange, denn siegreich soll die Liebe sein. Amen.

Leben mit Liebe, sie ist Euer aller Wohl und Heil. So lebt sie, die Liebe. Ave.

Metatron, der Erzengel, der Euch Menschen gut kennt, da er einst selbst auf Erden gelebt und gewirkt hat. Er wird Euch alle führen durch die Neue Zeit, durch Euer aller Weltenbild und durch die Macht, die Liebe spüren lässt. Ave.

Geliebte Kinder Gottes,

geliebtes Volk der Erlösten, die ihr seid,

denn es war gekommen, wie es kommen sollte. Der Herr der Welt wird Euch das Leben in Liebe schenken. Amen.

So glaubet und es wird Euch das Wunder geschehen.

Beachtet Euer Leben und beachtet Euer eigenes Sein und Tun. Es wird Wunder und Fügungen geben, seht sie und es wird Euch Gutes getan. Ave.

Gut seid ihr geliebten Menschen, die an Gott, das Licht und die Liebe glauben. Ave.

Gut seid ihr Menschen, die die Umkehr erkennen, leben und aufhören, sich dem Willen anderer zu beugen.

Selbstachtung und Wertschätzung anderer, die Euch gut gesonnen sind, die sollt ihr lernen. Lernt es, denn es wird Euer aller Seelenheil bedeuten.

Geht in innerem Frieden mit Euch selbst und werdet froh. Amen.

Es wird alles kommen, wie es kommen soll.

So geschieht auf dieser Erde es, was Gott einst wollte.

Ein Leben voller Liebe.

Die Zeit wird da sein, seid bereit und lebet sie, die

Liebe.

Ave.

Erzengel *Metatron*, der Herr und Fürst der Akasha-Chronik, die alles aufzeichnet, was Euer Leben auf Erden der Welten an Lohn bereithält.

Alles wird gut sein. Gehet weiter, ihr geliebten Seelen und werdet froh. Ave.

Ave, geliebte Gottes Kinder, die ihr alle auf Erden seid. Alles ist gut, wenn ihr Euch ehrt, Euch an anderem erfreuen könnt, als nur am materiellen Wert der heutigen Zeit.

Genießet Euer Land, Euer Erblühen der Florawelt, Euer Gegenüber, Euer eigenes Sein, Eure Tiere, alle Pflanzen und Lebewesen, alles ist von Gott gewollt und in Herrlichkeit vollendet. Gehet ihr mit göttlichem Mut weiter, denn ihr seid alle Kinder Gottes. Ave

Erzengel Uriel

Geliebte Kinder Gottes,

Euer Führer *Metatron* wird Euch nicht berauben. Nicht berauben Euer eigenes Sein, nicht berauben Euer aller Wohl, denn es soll Frieden in Euch und um Euch herum sein. Ave.

Friede soll es sein, der Euch in Liebe gegeben wird. Wenn ihr auch heute denkt, dass es ein Leben in Frieden auf Erden gar nicht geben wird, es wird so sein. Ave.

Friede sei Euch geschenkt, wenn ihr nur lernet zu lieben und Euch auf positive Einflüsse wie der Sonne, der Sterne und Gott Vater hingebt. Seid gewiss, es wird Euch nur Gutes geschehen, glaubet ihr an die Liebe. Ave.

Erzengel *Metatron*, der Euch Liebe gibt, führt, ehrt und Euch den richtigen Weg weist. Ave.

Geliebte Töchter, geliebte Söhne,

geliebtes Volk Jesu,

gekommen war Jesus Christus als Mensch, um Euch zu retten. Kommen wird der Herr in anderer Gestalt, weiß, gold, in der Liebe, die Euch führt. So ist es. Amen.

Erzengel *Gabriel,* der Euch die Liebe bringt. Amen.

Geliebte Seelen,

Erzengel *Raphael* begleitet Euch, um in Euch selbst Heilung zu finden. Geheilt werdet ihr durch die Kraft und den Mut, der Euch führet in ein neues Zeitalter, das voller Liebe ist. So wird kommen, was kommen soll. Liebe siegt. Ave.

Gehet in Frieden mit Euch selbst weiter und ihr werdet mehr Leben in Euch spüren. Lebensfreude schenkt Euch dann das großes Glück. Die Liebe zu Euch selbst. Liebt Euch, liebt die Tiere, liebt die

Natur, liebt Gott Vater und seinen geliebten Sohn, der Euch führen wird in das Heil der Welt, der Liebe. Amen.

Gelobt sei das Wort der Erzengel und Engel, die Liebe sind. Amen.

Gelobt sei Euer Hab´ und Gut, das Euch in Freude begegnet. Das wichtigste Gut ist die Liebe, habt Vertrauen und alles wird gut. Ave.

Erzengel *Raphael*, der Heiler, der Euch führt, um in Euch das Leid zu heilen, das Euch plagte. Amen.

Geliebte Menschen, die ihr Euch aufgebt,

es ist an der Zeit, Euch selbst zu lieben, Euch selbst zu verehren. Nicht die vollkommene Eigenliebe, die zur Verachtung anderer Lebewesen führt. Nein, Euch selbst lieben lernen bedeutet auch, Anderen Freude zu schenken.

Freude, die aus dem Herzen kommt, Freude, die ihr schenkt, sei es durch einzelne Handlungen, die in Liebe geschehen. Handlungen, die in Liebe geschehen sind positive Zeichen, wie ein Lächeln, das nicht spöttisch, sondern mit Liebe getan ist. Ein Lächeln, das Freude schenkt, ist ein von Gott gewolltes Lächeln, denn Lächeln aus Liebe und Freude bedeutet das Leben annehmen in positivem Sinne.

Positiv sollt ihr durch das Leben gehen und alles wird gut sein. Ave.

Erzengel *Raphael,* der Euch das Leben in Liebe schenken will und tut durch die liebevolle Heilung Eurer geschundenen Seelen, die ihr lange gelitten habt. Leid wird gehen, denn der Herr, der Liebe ist, segnet Euch alle mit seinem geliebten Vater, der Gott der Welt. Amen.

Geliebte Kinder, die ihr alle auf Erden seid,

lebt, liebt, genießt, aber nie auf Kosten anderer. Andere Menschen, die Euch gut gesonnen sind, sie lasst ihr oft spüren, dass ihr mehr an Wert haben solltet. Mehr Wert, das gibt es in Gottes Allmacht nicht.

Jeder ist gleichwertig, ob alt, ob jung, ob arm, ob reich, ob gesund oder in Krankheit verfallen, alle seid ihr vor Gottes Allmacht gleich. Ave.

So geht auf die Menschen zu, die anders sind als ihr. Gebt ihnen Liebe, wo ihr spürt, dass sie Eurer Liebe bedürfen.

Liebe ist nicht mit materiellen Werten zu vergleichen, doch oft denkt ihr Menschen nur in Geldscheinen. Geld ist in Eurer heutigen Zeit wichtig zum Überleben, aber nicht das wichtigste Gut, denn das ist die reine Liebe. Ave.

Gehet aufeinander zu. Die, die Euch hassen, lasset sie gehen und zieht sie nicht immer wieder durch Gedanken in Eure Leben. Lasst sie los.

Alles Negative, dass Euer Leben in Liebe verhindert, lasset es los.

Verzeiht, wo ihr verzeihen könnt, lasst es, wo ihr es nicht könnt. Es ist korrekt, dies, was hier diktiert steht. Verzeihet, wo ihr es könnt. Ave.

Erzengel *Raphael*, der Heilung schenkt in Euch und um Euch herum. Alles wird gut sein. Amen.

Geliebte Kinder, die ihr alle in der Liebe Gottes wandelt,

ihr seid erlöst, wenn ihr denn Liebe spürt, Liebe sehet, Liebe wird Euch ereilen in jedem Atemzug, in jedem noch so kleinen Blütenmeer, denn auch die Natur ist Liebe. Ave.

Erlöst seid ihr Menschen, die Liebe sind, denn sie sehen, leben und spüren die Liebe Gottes und seines Sohnes, der Herr, der Liebe ist. Amen.

Der Herr, der Liebe ist, er wird Euch lieben allezeit. Ave.

Der Herr, der Liebe ist, er wird Euch führen, auch, wenn ihr der Pein nicht entronnen seid. Ihr werdet ihn huldigen, er wird kommen und ihr werdet ihn sehen, lieben, spüren und die Welt der Liebe erhellen. Amen.

So wird es sein. Amen.

Geliebte Seelen, die ihr seid gepeinigt von den fürchterlichen Taten anderer,

ihr seid befreit, wenn ihr an uns glaubet, positiv denkt, auch, wenn Euch gefühlt der Mut hierzu fehlt. Ihr seid befreit, wenn ihr die Liebe erkennt und Euch Menschen wieder anvertrauen könnt, die ebenfalls voller Liebe sind.

Lernt es, das Vertrauen in andere, die Liebe sind, denn dann kann keine böse Macht mehr Euch führen, Euch erniedrigen oder Euch für falsche Zwecke benutzen. So ist es. Ave.

Vertraut, wo ihr fühlt, wahrlich fühlt, dass ihr das könnt, zu vertrauen.

Wichtig ist, dass ihr es seht, wer ist der Mensch in Liebe? Wer ist der, der falsches Zeugnis abgibt?

Vertraut, aber achtet auf Euer Gefühl, das oftmals manipuliert ist. Manipuliert durch schöne Worte, die nur gesprochen sind, um Euch zu erniedrigen auf anderem Wege. Seid von den falschen Zeugnissen anderer geschützt, wenn ihr Euch in Ruhe auf alles, was geschieht, besinnt. Nehmt Euch die Zeit in Ruhe alles anzusehen, zu spüren, zu erkennen: Was ist hier der richtige Weg? Auch, wenn schöne Worte, gesprochen von falschen Menschen, Euch erst das Heil bringen. Das ist keinesfalls das Heil. Das Heil ist die reine Liebe, die von Herzen kommt. Geführt durch die Liebe, die Euch Frieden schenkt. Frieden in Euch, um Euch herum und anderen, die Euch huldigen. Amen.

Gelobt sei das Wort der Engel, die Euch Menschen führen und lieben. Amen.

Erzengel *Haniel,* gelobt ist das Wort, das von Herzen gesprochen wird. Amen.

Affirmationen:

Ich bin stark, ich bin kraftvoll, ich liebe mich selbst, liebe das Leben, werde geführt von Gottes Segen.

Ich lebe, ich liebe, ich genieße. Alles wird gut.

Ich bin frei von Schuld, ich bin frei von Angst, ich bin frei von Sorgen und Nöten, ich bin ein positiv denkender Mensch, frei, voller Kraft, voller Leben, voller Liebe.

Liebe ist mein Weg, Leben ist mein Ziel, Gott Vater wird mir helfen. Alles ist gut.

Freude schenkt das Leben mir, das Leben gibt mir Kraft und ich werde vollbringen die Freude in Liebe. Vielen Dank.

Gebet für Menschen, die Ängste in sich tragen:

Lieber Gott, liebe Engel, die mich führen,

gebt mir Mut, gebt mir Kraft, so dass ich fortan froh und gelassen im Leben weitergehen kann. Gebt mir die Kraft, alles, was mich bewegt, in Licht und Liebe abzugeben an die Schöpfung, denn ich möchte von diesen Ängsten befreit sein. Befreit und frei von Schuldgefühlen, frei von Angst vor dem Alleinsein, frei von Angst vor dem nicht geliebt werden, frei von Angst vor der Zukunft, die Jahre, die vergehen, bitte erhört mich. Amen.

So werdet froh und glaubt an Gott Vater, seinen geliebten Sohn und die Welt wird ein besseres Leben für Euch bereithalten. Amen.

Erzengel *Gabriel*, der Verkünder der frohen Botschaft und der Erleuchtung. Ave.

Gebet für Menschen, die lieben, es aber nicht schaffen, allen die Liebe wahrlich zu zeigen:

Lieber Gott, liebe Engel, die mich begleiten,

es ist an der Zeit, dass ich meine Liebe, die ich in mir trage, den Menschen und Tieren zeige, die ich wirklich liebe. Ich habe Angst, diese Liebe zu leben, Angst, enttäuscht zu werden, doch ich möchte sie leben, diese Liebe. Gebt mir die Kraft, den Mut und die Furchtlosigkeit, denn ich möchte lieben. Danke. Amen.

Gebete für Menschen, die voller Pein sind:

Lieber Gott, liebe Engel, die ihr mit mir seid,

lasst mich wieder froh und glücklich sein. Mein Leben soll befreit sein von der Pein, die mir durch andere zugefügt wurde. Gebt mir Kraft, gebt mir die Lebensfreude zurück, gebt mir Wärme, schenkt mir Eure bedingungslose Liebe. Von Herzen bedanke ich mich bei Euch. Danke. Amen.

Gebt den Menschen, die mich gepeinigt haben, bitte die gerechte Strafe. Alles gebe ich an Euch, geliebte Engelwesen, ab und bitte Euch, dass in mir selbst ich wieder Ruhe und Gelassenheit finde, selbst, wenn ich den Menschen, die mich gepeinigt haben, nicht verzeihen kann. So gebe ich alles an Euch ab und bitte für Gerechtigkeit. Habt Dank für Eure Liebe. Amen.

Wir Engel wissen, dass ihr überall verzeihen sollt und Liebe geben sollt, aber es gibt auch Situationen im Leben, da geht das nicht so einfach. Wir Engel und auch Gott Vater verstehen Euch Menschen und überlassen Euch, wo ihr verzeihen könnt. So gebt Euch selbst Liebe, um anderen, die Euch gut sind, wieder Liebe, die reine Liebe, geben zu können. Verzeiht, vergebt, wo ihr es könnt. Gebt einander Liebe, doch quält Euch nicht, wo ihr nicht vergeben könnt. Alles ist gut so. Lasst Euch mit positivem Denken wieder in die positiven Bahnen und Energien leiten. So ist es gut. Amen.

Erzengel *Raphael,* der Euch Heilung schenkt. Amen.

Gebete sind gut für alle Menschen, die im Glauben an Gott, seinen geliebten Sohn und das Christentum leben. Ave.

Gebet für Menschen, die sich auf Erden nur noch in Dunkelheit aufhalten:

Gebt mir Kraft, gebt mir Mut, gebt mir Stärke, alles zu ertragen. Ich möchte ein positiv denkender Mensch sein und Gutes soll geschehen in mir und auf dem Weg zur Erleuchtung. Danke. Amen.

Botschaft des Hohen Priesters *Melchisedek,* der Euch leitet in Liebe:

Ein guter Weg ist der Weg der Freude.

Seid im Glauben, glaubt an Gott Vater, an seinen geliebten Sohn, glaubt an Euch selbst, glaubt an die Liebe, glaubet und seid froh. Ave.

Gebet für alle Menschen, die Ängste als Begleiter sehen wollen:

Liebe Engel,

bitte gebt mir die Liebe zu mir selbst wieder. Wenn ich mit mir selbst im Reinen bin, werde ich auch die Ängste verlieren, so helft mir bitte, den rechten Weg zu gehen.

Vielen Dank.

Botschaften

Botschaften Jesu

Geliebte Töchter,
geliebte Söhne,

die ihr lebt in Gottes Ehrfurcht und Liebe, ein neues Zeitalter hat begonnen und so geht in Freude und Liebe weiter, denn ihr werdet die Zeichen, die wir Euch geben, erkennen. Amen.

Gottes Sohn, der unserem Medium Gabriele alles diktierte, die es in vollem Bewusstsein und mit Liebe empfing. So ist es. Amen.

Geliebte Menschenkinder,

die Welt muss sich verändern, die Welt befindet sich in der Umkehrhandlung, so glaubt an mich, den Sohn Gottes, glaubt an meinen geliebten Vater selbst, der Euch führt in das Reich, das ihr in Liebe und vollem Vertrauen erlangt.

Ein Reich, das geprägt von Liebe und Geborgenheit sein wird.

Kommen werde ich, wenn ihr Euch alle von mir in vollem Bewusstsein empfangen lasst.

So gehet fortan in liebevollem Handeln miteinander um, in liebevollem Denken und Gedanken an Gott Vater, mich, seinen Sohn, den er schon mehrfach in anderer Gestalt auf die Erde hernieder sandte.

In Glauben an Euch und Eure Liebsten, denn ihr seid alle mit der Liebe Gottes auf diese Welt gekommen und sollt es erleben,

das Leben.

Amen.

Diktiert meinem geliebten auserkorenen Medium Gabriele, die Euch dient, obwohl sie mehrfach für ihre Arbeit verhöhnt wurde.

Geliebt, gelobt, in Ehre zu uns, so ist sie auf die Erde gekommen und wird Euch geben dieses Werk, das sie in Liebe für Euch und uns empfing. Amen.

Diktiert durch *Christus Sananda, Jesukind*, das Euch erlöste und Gott Vater. Amen.

Schlussworte der Engel

Geliebte Töchter und Söhne der Welt,

ihr werdet Euch alle einmal an das erinnern, was hier diktiert und geschrieben steht. So lasst Euch führen und seid gewiss, der Herr wird Euch und Euer Sein behüten. Ave.

Der Herr, der Liebe ist, wird Euch eines Tages erscheinen in hellem weiß/goldenen Licht, umhüllt von der Liebe, die Euch geschenkt wird.

Amen.

Glaubet und seid froh, Alles wird gut. Amen

Von Herzen

ein liebevolles Dankeschön

an Gott Vater, seinen geliebten Sohn und alle mich begleitenden Erzengel und Engel für diese wundervolle Gabe, die sie mir geschenkt haben.

Danke für all die Liebe, die ihr uns gebt.

Danke für den göttlichen Schutz und Segen.

Mögen alle Menschen und Tiere dieser Erde Liebe spüren.

In Licht und Liebe.

Gabriele

Weitere veröffentlichte Bücher:

Zwei wunderbare Wesen, Wolken und Regenbogen

Meine beiden Kater David und Dennis sind und bleiben für mich etwas ganz Besonderes.

Liebe ist stärker als der Tod.

ISBN 978-3-7431-2655-8

Als Taschenbuch und eBook erhältlich.

Erklärt mir bitte dieses Leben

Das Leben aus einer etwas anderen Sichtweise betrachten und Alltagssituationen besser erkennen.

Ein spiritueller Ratgeber.

ISBN 978-3-7448-7098-6

Als Taschenbuch und eBook erhältlich.

Der Weg zum Wohlgefühl

Gesundheit ist ein wichtiger Teil unseres Lebens. Mit meinen eigenen Erfahrungen über diverse Erkrankungen möchte ich andere Menschen inspirieren, ihren ganz persönlichen Wohlfühlweg zu finden.

ISBN 978-3-740-74973-6

Genre: Ratgeber, Wohlbefinden

Als Taschenbuch und eBook erhältlich.

Biografie der Autorin

Gabriele Kuppe erblickte im Rheinland das Licht der Welt. Ihre Kindheit und Schulzeit verbrachte sie im Ruhrgebiet. Schon als Kind schrieb die Autorin gerne Geschichten auf, interessierte sich für Musik und Tanz.

Nach dem Fachabitur ging ihr Weg dann allerdings in eine völlig andere Richtung und Gabriele Kuppe erlernte den Beruf der Rechtsanwaltsgehilfin. Später arbeitete sie lange in einer Hypothekenbank als Kundenbetreuerin.

Mit den Jahren galt ihr Interesse immer mehr der Naturheilkunde, und so absolvierte sie mit viel Freude sehr erfolgreich ein Fernstudium in praktischer Homöopathie.

Seit einigen Jahren schreibt die Autorin nun Bücher, um den Menschen liebevoll und hilfreich zur Seite zu stehen.